Nicole Weber

Wasser

Spannende Materialien für einen abwechslungsreichen Unterricht

PERSEN

Nicole Weber arbeitet als Grundschullehrerin in Niedersachsen und veröffentlichte bereits zahlreiche Unterrichtsmaterialien für die Grundschule.

Wir verwenden in unseren Werken eine genderneutrale Sprache, damit sich alle gleichermaßen angesprochen fühlen. Wenn keine neutrale Formulierung möglich ist, nennen wir die weibliche und die männliche Form. In Fällen, in denen wir aufgrund einer besseren Lesbarkeit nur ein Geschlecht nennen können, achten wir darauf, den unterschiedlichen Geschlechtsidentitäten gleichermaßen gerecht zu werden.

2. Auflage 2024

AAP Lehrerwelt GmbH
Veritaskai 3
21079 Hamburg
Telefon: +49 (0) 40325083-040
E-Mail: info@lehrerwelt.de
Geschäftsführung: Andrea Fischer, Sandra Saghbazarian
USt-ID: DE 173 77 61 42
Register: AG Hamburg HRB/126335

Autorschaft:	Nicole Weber
Covergestaltung:	TSA&B Werbeagentur GmbH, Hamburg
Illustrationen:	Katharina Reichert-Scarborough (Hauptillustratorin), sowie Jennifer Spry (S. 9, 27), Nataly Meenen (S. 22), Thomas Binder (S. 24), Carla Miller (S. 24), Charlotte Wagner (S. 27), Marion El-Khalafawi (S. 27)
Satz:	Typographie & Computer, Krefeld
Druck und Bindung:	SDK Systemdruck Köln GmbH & Co. KG, Köln

ISBN/Bestellnummer: 978-3-403-20527-2
www.persen.de

Inhaltsverzeichnis

Digitales Zusatzmaterial:

- alle Arbeitsblätter
- Lösungen
- Extras:
  - Spielideen mit Bildkarten
  - Mein Wasser-Lapbook
  - Aktionen rund ums Wasser
  - Urkunde

Vorwort und Hinweise

Dass Wasser für uns alle lebenswichtig ist und wir ständig mit Wasser in Kontakt kommen, ist allen klar. Jeden Tag benötigen wir Wasser und ohne unser Trinkwasser gäbe es kein Leben auf unserer Erde.

Kinder wissen, wie lebenswichtig Wasser für Menschen, Tiere und Pflanzen ist. Wie Wasser jedoch aufbereitet wird, damit es uns als Trinkwasser dienen kann und wie der natürliche Wasserkreislauf funktioniert, ist sicherlich nicht allen Kindern bewusst. Zudem werden in diesem Heft die Zustandsformen, Eigenschaften und Gefahren von Wasser erläutert.

Dieses Themenheft möchte die Kinder außerdem sensibel machen für einen wertschätzenden und nachhaltigen Umgang mit Wasser. Anhand einiger Versuche werden die Kinder angeregt, über Wasser nachzudenken.

Hinweise zum Aufbau und Einsatz dieses Themenheftes

Dieses Themenheft bietet Ihnen unterschiedliche Materialien für die 1. bis 4. Klasse zum Thema Wasser. Jedes Arbeitsblatt steht für sich, sodass Sie das Material unabhängig und individuell nach den Bedürfnissen Ihrer Klasse einsetzen können.

Auf den jeweiligen Arbeitsblättern müssen die Schüler[1] zum Teil Wissen aus unterschiedlichen Fächern anwenden, sodass das vernetzte Lernen ganz natürlich gefördert wird.

Aufgaben, die mit einem Stern versehen sind, kennzeichnen anspruchsvollere Arbeitsaufträge. Diese können zur qualitativen Niveaudifferenzierung eingesetzt werden.

Außerdem enthält dieses Themenheft Arbeitsblätter mit besonderen Schwerpunkten, die Sie an folgenden Symbolen erkennen:

Projekt Experiment Spiel Rätsel Interview

Am Ende des Heftes finden Sie zudem eine Liste mit wichtigen Fachbegriffen sowie eine Lernzielkontrolle mit Fragen zum Inhalt des gesamten Heftes.

Digitales Zusatzmaterial

Das digitale Zusatzmaterial enthält

- alle Arbeitsblätter dieses Heftes im editierbaren Word-Format, sodass Sie diese selbst anpassen können,
- die Lösungen zu den Arbeitsblättern (PDF) und
- Extras.

1 Wir sprechen hier wegen der besseren Lesbarkeit von Schülern bzw. Lehrern in der verallgemeinernden Form. Selbstverständlich sind auch alle Schülerinnen und Lehrerinnen gemeint.

Vorwort und Hinweise

Tipps für die Praxis

- Zum Einstieg in das Thema könnten Sie verschiedene Fragestellungen bzw. Stichworte zum Thema Wasser auf DIN-A3-Bögen schreiben und auf Tische legen. Die Schüler wandern auf ein Signal hin von einem Tisch zum anderen und schreiben ihre Ideen, Gedanken und ihr Vorwissen zu den Aufgabenstellungen auf. Im Anschluss an diese Übung werden die Ergebnisse vorgelesen.

  Folgende Fragestellungen können auf den Bögen stehen: Wofür benötigen wir Wasser? Welche Formen kann Wasser annehmen? Wo kommt Wasser vor?
- Die Kinder könnten eigene Materialien zu diesem Thema sammeln und mitbringen.
- Der Einstieg kann ebenso mit einem Gedankenschwarm geschehen. Auch ein Kugellager bietet sich an. Die Methode des Kugellagers kann auch zur Wiederholung einzelner Aspekte, zum Beispiel des natürlichen Wasserkreislaufs, genutzt werden.
- Die Texte auf den Arbeitsblättern sind teilweise etwas länger, sodass auch stärkere und ältere Schüler entsprechend gefordert werden. Leistungsschwächeren Schülern können diese Texte zum Beispiel von einem Partner vorgelesen werden oder die Texte werden von Ihnen auf einen Reader gesprochen und die Schüler können sich die Texte mehrmals anhören.
- Zum Ende der Einheit können die Schüler ein Lapbook basteln, in dem alle Arbeitsergebnisse festgehalten werden. Für das „Wasser-Lapbook" müssen die Vorlagen mehrfach kopiert werden. Zudem wird ein Bogen Pappe im DIN-A3-Format für jeden Schüler benötigt.
- Auch das Sammeln der Ergebnisse in einem „Wasser-Heft" oder in einer „Wasser-Mappe" ist möglich.
- Das vorliegende Material kann auch als Lernstation angeboten werden. Dafür müssen die Arbeitsblätter Stationenüberschriften erhalten und es muss ein kleiner Laufzettel angefertigt werden.
- Es ist sinnvoll, mit den Kindern ein Wasserwerk und eine Kläranlage zu besuchen. Auch der Besuch eines Sees oder Flusses bietet sich an.

Gedankenschwarm zum Thema Wasser

1. **Überlege, was dir zum Thema Wasser einfällt.**
2. **Trage deine Gedanken und Ideen in den Gedankenschwarm ein.**

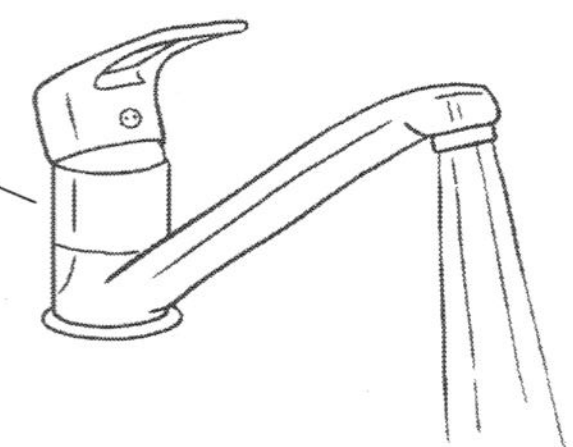

Wasser auf unserer Erde

1. Lies den Text.

Viele Menschen meinen, es gäbe genug Wasser auf der Erde. Die Erde wird ja auch der „Blaue Planet“ genannt. Wenn man aus dem Weltall auf die Erde schaut, sieht man eine blaue Kugel. Etwa 71 % der Oberfläche der Erde besteht aus Wasser. Doch dieses Wasser ist zu einem großen Teil Salzwasser, da 97 % davon Ozeane sind. In den Ozeanen sind in einem Liter Wasser 35 Gramm Salz. Das Salzwasser darf nicht als Trinkwasser verwendet werden. Auf der Erde gibt es nur 3 % Süßwasser und dazu zählt auch noch das Eis am Nord- und Südpol.
Süßwasser finden wir im Grundwasser, auf Gletschern, in Seen und Flüssen. Es wird also sehr deutlich, dass wir nur ganz wenig von dem Wasser des „Blauen Planeten“ zum Trinken zur Verfügung haben. Daher sollten wir sehr sparsam mit unserem Trinkwasser umgehen. Wasser ist äußerst wichtig für uns Menschen, aber auch für die Pflanzen und Tiere. Ohne Wasser können wir höchstens drei Tage überleben. Ohne Essen könnten wir ca. 14 Tage aushalten. Ohne Wasser können auch keine Pflanzen wachsen. Es wäre nicht mal Leben auf der Erde entstanden, wenn es kein Wasser gegeben hätte, denn die ersten Lebewesen entwickelten sich im Wasser.
Nicht alle Menschen auf der Erde können leicht an Trinkwasser gelangen. Es gibt zum Beispiel Inseln, die von salzigem Meerwasser umgeben sind, aber kaum Trinkwasser zur Verfügung haben. Hier muss ganz aufwendig das Salzwasser in Süßwasser umgewandelt werden. Und es gibt auch viele Länder, in denen es das ganze Jahr sehr warm ist. In diesen Ländern ist das Trinkwasser sehr knapp.

2. Male die Ozeane blau und die Kontinente grün.

3. Erkläre, warum die Erde auch „Blauer Planet" genannt wird.

____

____

4. Beschrifte die Abbildung mit folgenden Wörtern: Salzwasser, Eis/Schnee und Süßwasser.

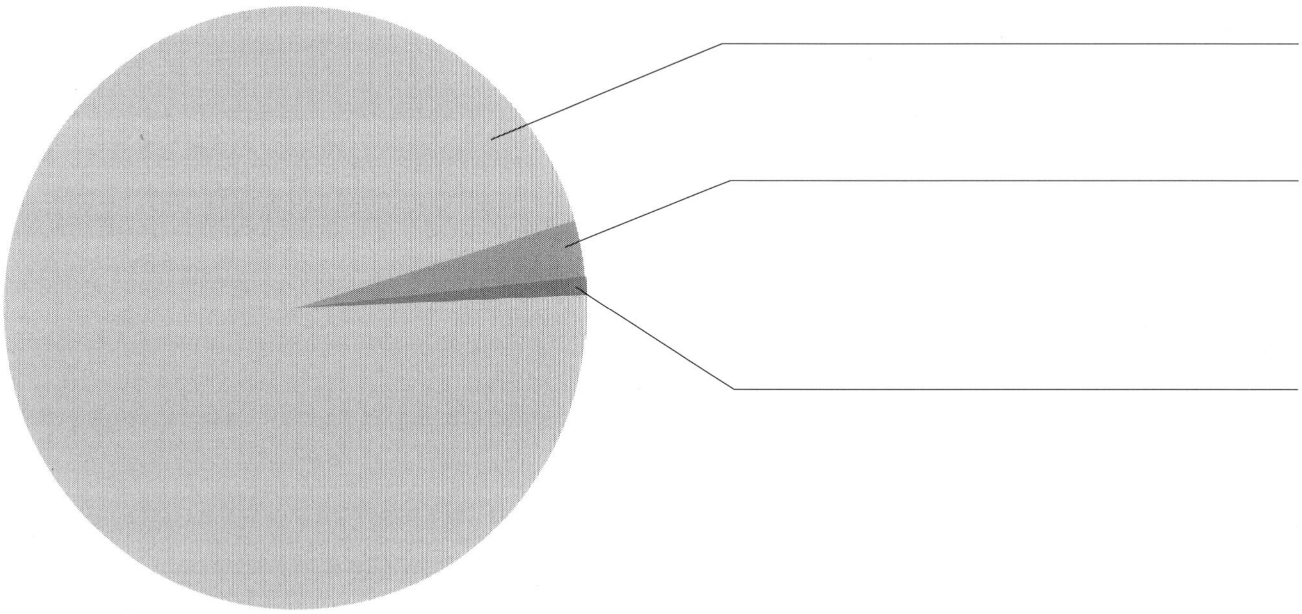

5. Was zeigt uns diese Abbildung?

____

____

____

6. Wie kam das Wasser auf die Erde? Erkundige dich im Internet und gestalte ein Lernplakat zu dieser Frage. Präsentiere dein Ergebnis deinen Mitschülern.

Wasser hat verschiedene Zustandsformen/Aggregatzustände

1. Lies den Text.

Wasser kann verschiedene Formen annehmen. Diese Zustandsformen werden Aggregatzustände genannt.
Wasser kann fest, flüssig oder gasförmig sein. Wie funktioniert das? Wasser besteht aus vielen kleinen Teilchen. Diese Teilchen sind ständig in Bewegung. Wenn das Wasser heiß wird, wirbeln die kleinen Teilchen ganz schnell hin und her und steigen als Wasserdampf nach oben. Diese Zustandsform heißt gasförmig. Wenn das Wasser kalt wird, werden die Teilchen langsamer und finden sich in Gruppen zusammen. Das Wasser wird zu Eis, also fest. Wenn das Wasser dann wieder wärmer wird, bewegen sich die Teilchen wieder schneller und das Wasser wird wieder flüssig.
Wasser gefriert bei 0 Grad Celsius und kocht bei 100 Grad Celsius. Wenn Wasser kocht, entsteht Wasserdampf, das Wasser verdunstet. Wenn es dann auf etwas Kaltes trifft, wird es wieder flüssig, man sagt: das Wasser kondensiert.

2. Schreibe die passenden Wörter an die richtige Stelle.

flüssig • Wasser • Eis • gasförmig • Wasserdampf • fest

weniger als 100 °C → weniger als 0 °C →

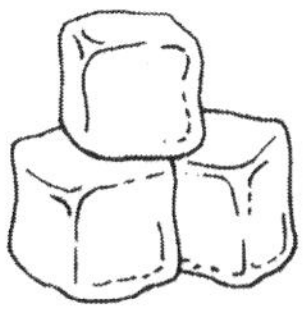

← mehr als 100 °C ← mehr als 0 °C

3. Überlege dir einen Versuch, der einen oder mehrere Aggregatzustände zeigt bzw. erklärt. Führe ihn durch und präsentiere ihn deiner Klasse.

Pflanzen benötigen Wasser

1. Lies den kurzen Infotext.

2. Führe den Versuch durch.

Nicht nur wir Menschen und die Tiere benötigen Wasser, auch für Pflanzen ist Wasser lebensnotwendig. Sie erhalten durch das Wasser Nahrung. Doch wie bekommen die Pflanzen das Wasser? Finde es heraus.

Du benötigst für diesen Versuch ein Glas Wasser, etwas Lebensmittelfarbe oder etwas Tinte, ein kleines Messer, ein Brett und eine Blume mit einer weißen Blüte (zum Beispiel eine Margerite oder eine Nelke).

- Gib etwas Lebensmittelfarbe oder Tinte in das Wasser.
- Schneide den Stängel der Pflanze unten frisch ab.
- Stelle die Blume in das Wasserglas.

Was vermutest du?

____

____

Was beobachtest du? Zeichne deine Beobachtung ein.

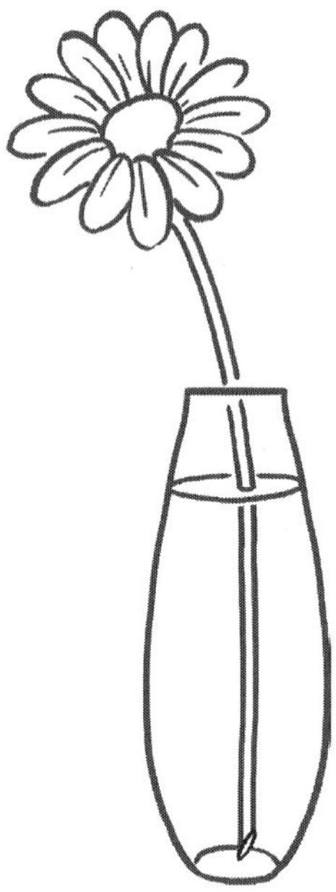

3. Erkläre deine Beobachtung.

____

____

____

4. Suche im Internet Informationen über die Wasseraufnahme von Bäumen.

Schwimmen und sinken

1. Lies den Text.

Wasser ist schon etwas ganz Besonderes. Hast du dich schon einmal gefragt, warum einige Gegenstände im Wasser schwimmen und andere nicht? Warum kann ein schweres Schiff zum Beispiel im Wasser schwimmen und sinkt nicht?
Wasser besteht aus vielen kleinen Teilchen, man nennt sie Wassermoleküle. Wenn ein Gegenstand auf das Wasser gelegt wird, wie zum Beispiel ein kleines Stück Holz, dann tragen diese Wassermoleküle das Holz. Das liegt daran, dass Holz für seine Größe leicht ist. Ein Stein dagegen sinkt, weil er für seine Größe schwer ist. Ob ein Gegenstand sinkt, hängt also davon ab, wie schwer er im Vergleich zu seiner Größe ist. Man nennt dies „Dichte“. Du kennst das Wort bestimmt aus dem Bus, wenn der Fahrer die Leute auffordert „dichter“ zusammenzurücken, damit mehr Menschen in den Bus passen. Je mehr Menschen auf derselben Fläche stehen, desto größer ist das Gewicht auf der Fläche.

2. Du siehst hier einige Gegenstände. Überlege genau, welche Gegenstände schwimmen können und welche sinken.

3. Schreibe in die erste Spalte der Tabelle die Gegenstände. Trage in der zweiten Spalte deine Vermutung ein. Schwimmt der Gegenstand oder sinkt er?

Gegenstand	Vermutung: schwimmt oder sinkt	Beobachtung: schwimmt oder sinkt

4. Überprüfe nun, ob deine Vermutungen zutreffen. Trage dabei deine Beobachtungen in die dritte Spalte ein. Du benötigst für diesen Versuch die aufgeführten Gegenstände und eine Schüssel mit Wasser.

5. Überlege, warum ein großes, schweres Schiff auf dem Wasser schwimmen kann, ohne unterzugehen.

Der Kreislauf des Wassers I

1. Lies das Interview.

Wilma Waschbär: Hallo, Frau Tropfen. Schön, dass Sie sich heute für mich etwas Zeit genommen haben.

Trudi Tropfen: Hallo, Wilma. Ein bisschen Zeit habe ich noch, aber schon bald muss ich mich wieder auf die Reise machen.

Wilma Waschbär: Auf welche Reise denn?

Trudi Tropfen: Na, ich bin doch Mitglied im Wasserkreislauf und muss nun bald wieder los.

Wilma Waschbär: Was ist denn der Wasserkreislauf?

Trudi Tropfen: Für unsere Erde ist es sehr wichtig, dass es den Wasserkreislauf gibt. Ohne ihn könnten Menschen, Tiere und Pflanzen nicht leben. Beim Wasserkreislauf spielt die Verdunstung eine sehr große Rolle. Sicherlich hast du schon einmal beobachtet, dass zum Beispiel beim Kochen von Nudeln Wasserdampf nach oben steigt. Würdest du über einen Topf mit kochendem Wasser einen Deckel halten, so würde dort aus dem Wasserdampf wieder Wasser in flüssiger Form werden. Das kochende Wasser im Topf verdunstet, der Dampf kühlt sich am Deckel ab und wird wieder zu flüssigem Wasser. Das nennt man kondensieren.

Wilma Waschbär: Und was hat das nun mit dem Wasserkreislauf zu tun?

Trudi Tropfen: Die Sonne scheint zum Beispiel auf das Wasser eines Sees. Wenn Wasser warm wird, verdunstet es. Das Wasser steigt als Wasserdampf auf. Auch die Wassertropfen auf den Blättern von Pflanzen verdunsten.

Wilma Waschbär: Was passiert dann mit dem Wasserdampf?

Trudi Tropfen: Da die Luft weiter oben kälter ist als der Wasserdampf, entstehen ich und die anderen Tropfen und aus uns bilden sich Wolken. Wenn die Tropfen, also wir, in den Wolken zu schwer und zu groß werden, regnet, schneit oder hagelt es. Der Regen gelangt in die Flüsse, Seen, Meere und auf den Boden, wo er versickert. Die Tropfen dringen dabei durch mehrere Schichten aus Sand und Kies und werden so sogar gereinigt. Dieses versickerte Wasser sammelt sich zu Grundwasser und dieses Grundwasser fließt zurück in die Seen, Flüsse und Meere.

Der Kreislauf des Wassers I

Wilma Waschbär: Ist das Grundwasser dann wieder richtig sauber?

Trudi Tropfen: Leider ist das Grundwasser oft verschmutzt. Ein Grund ist, dass Dünger für die Äcker ins Grundwasser gelangt und manchmal auch Chemikalien, die von Menschen nicht richtig entsorgt wurden.

Wilma Waschbär: Dann müssen wir wohl alle ein wenig besser aufpassen, was?

Trudi Tropfen: Ja, das ist notwendig. So, jetzt muss ich mich leider verabschieden. Tschüss, Wilma. Wir sehen uns auf jeden Fall irgendwann wieder.

Wilma Waschbär: Herzlichen Dank für das Interview, Trudi Tropfen.

2. Beschrifte den Wasserkreislauf. Setze die richtigen Nummern an die Pfeile:

1 Das von der Sonne erwärmte Wasser verdunstet und steigt auf.
2 Weil es weiter oben kälter wird, kühlt der Wasserdampf ab und es bilden sich Wolken.
3 Wenn die Wassertropfen zu schwer sind, fallen sie als Regen, Hagel oder Schnee auf die Erde.
4 Der Regen sickert in den Boden und wird zu Grundwasser.
5 Das Grundwasser strömt in unsere Gewässer.

3. Beschreibe den Wasserkreislauf mit deinen eigenen Worten.

Der Kreislauf des Wassers II

Der Versuch zeigt dir, wie der Wasserkreislauf mit Pflanzen funktioniert.

1. Lies den Versuchsaufbau.

2. Führe den Versuch durch.

Für diesen Versuch benötigst du ein größeres Glas, Frischhaltefolie, ein Gummiband, etwas Kies, Sand, Erde und eine kleine Pflanze mit Wurzel.

1. Fülle nun zuerst etwas Kies in das Glas.
2. Fülle dann den Sand auf den Kies.
3. Gib nun die kleine Pflanze in das Glas und drücke sie mit der Erde fest.
4. Gieße die Pflanze vorsichtig mit etwas Wasser.
5. Nun musst du nur noch die Frischhaltefolie über das Glas spannen und sie mit dem Gummiband befestigen.
6. Das Glas solltest du an einen sonnigen Standort stellen.

Was glaubst du, wird im Inneren des Glases passieren? Zeichne deine Vermutung in das Glas.

Was ist passiert? Zeichne deine Beobachtung in das Glas.

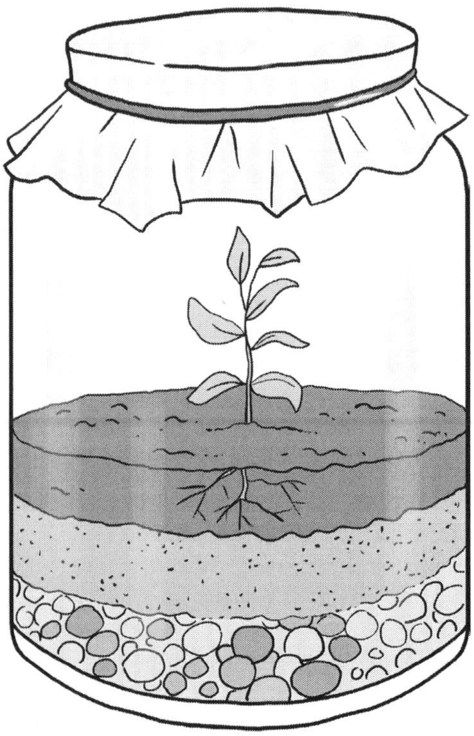

Der Kreislauf des Wassers III

1. Lies den Versuchsaufbau.

2. Führe den Versuch durch.

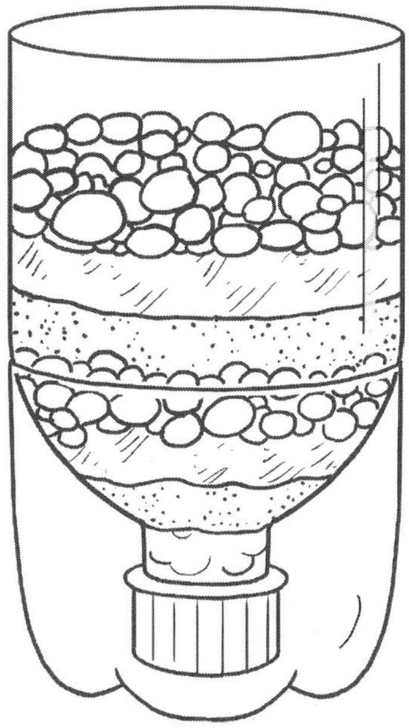

1. Du benötigst eine leere Plastikflasche. Schneide das untere Drittel der Flasche ab.
2. Schraube den Deckel vom oberen Teil der Flasche ab und bohre ein Loch hinein. Schraube nun den Deckel wieder auf.
3. Stelle den oberen Teil der Flasche umgekehrt in das untere Drittel der Flasche.
4. Nun stecke etwas Watte in den Deckel.
5. Auf die Watte kommen verschiedene Schichten aus Sand, Erde und Kies.
6. Gieße nun etwas (zum Beispiel mit Erde verschmutztes) Wasser in die Flasche und betrachte das Ergebnis.

Was vermutest du?

____

____

Was kannst du beobachten?

____

____

Erkläre deine Beobachtung.

____

____

3. Setze die Begriffe an die richtige Stelle.

Bodenschichten • Boden • Filter • Steinen

Ergebnis:

Die Schichten des Bodens wirken wie ein ______________. Das Wasser fällt auf den ______________ und wird durch die verschiedenen ______________ gesäubert. Der Schmutz bleibt an den kleinen ______________ hängen.

Vom Grundwasser zum Trinkwasser

1. Lies das Interview.

Wilma Waschbär: Guten Tag, Herr Schmidt. Vielen Dank, dass Sie sich in ihrer Mittagspause kurz Zeit für mich nehmen. Ich habe ein paar Fragen zu unserem Trinkwasser.

Herr Schmidt: Ich freue mich sehr, deine Fragen zu beantworten.

Wilma Waschbär: Dieses Wasserwerk, in dem wir uns gerade befinden, ist ja echt riesig. Gab es so ein Wasserwerk früher auch schon?

Herr Schmidt: Nein, früher war das anders. Die Menschen mussten selbst sehen, wie sie an trinkbares Wasser kamen. Sie gruben Brunnen, um an das Grundwasser zu gelangen. Heute ist alles ganz einfach. Wir drehen einfach den Wasserhahn auf und das Wasser fließt.

Wilma Waschbär: Wofür ist ein Wasserwerk eigentlich da?

Herr Schmidt: Ich fange mal ganz von vorne an. Zuerst muss ich etwas zum Grundwasser sagen. Das Grundwasser dient uns zur Wasserversorgung. Wenn Wasser auf die Erde fällt, sickert es durch verschiedene Bodenschichten. Diese Schichten bestehen aus Sand, Erde, Kies und Lehm. Schichten, durch die Wasser dringen kann, werden wasserdurchlässige Schichten genannt. Doch irgendwann kann das Wasser nicht mehr weiter, da im Boden eine Lehmschicht oder eine Felsenschicht auftritt. Diese kann das Wasser nicht mehr durchdringen, sodass es dort stehen bleibt. Diese Schicht ist dann wasserundurchlässig. Dieses Wasser wird Grundwasser genannt. Aus diesem Grundwasser wird unser Trinkwasser gemacht.

Wilma Waschbär: Können die Menschen das Grundwasser dann einfach trinken?

Herr Schmidt: Nein. Es ist zwar durch die Filterung sehr sauber, weil es bereits mehrere Bodenschichten durchlaufen hat, aber ganz trinkbar ist es noch nicht. Im Grundwasser befinden sich immer noch einige Stoffe, die zwar nicht zu sehen sind, aber aus dem Wasser entfernt werden müssen. Das passiert im Wasserwerk. Das Grundwasser wird durch große Pumpen in ein Wasserwerk gepumpt, in dem es aufbereitet und so zu Trinkwasser wird.

Vom Grundwasser zum Trinkwasser

Wilma Waschbär: Wird nur Grundwasser zu Trinkwasser aufbereitet?

Herr Schmidt: Manchmal kommt zum Grundwasser auch noch etwas Wasser aus Flüssen, Bächen, Quellen oder Seen hinzu. Im Wasserwerk durchläuft das Wasser mehrere Abteilungen. Als Erstes fließt das Wasser zur Belüftungsanlage. Dort wird dem Wasser Sauerstoff zugemischt. Kleine Bestandteile, die im Trinkwasser nicht gewünscht sind, werden durch den Sauerstoff zu kleinen Flocken und können dann mit einem Filter aus dem Wasser entfernt werden. Diese Flocken werden dann ins Absetzbecken gepumpt. Im Absetzbecken fällt der Schlamm nach unten und wird durch die Kanalisation zur Kläranlage geführt, wo er gesäubert wird. Das Wasser, was sich oberhalb des Schlamms abgesetzt hat, wird in einen Graben oder Fluss geleitet. Das schon etwas gesäuberte Wasser aus der Belüftungsanlage wird nun gefiltert. Es fließt durch verschiedene Schichten aus Quarzsand. Jetzt ist es so sauber, dass es trinkbar ist. Dieses Wasser wird nun in einem großen Behälter gesammelt. Dieser Behälter wird Trinkwasserbehälter genannt. Die Trinkwasserbehälter können sich in der Erde befinden oder aber ein Hochbehälter oder ein Wasserturm sein. Die Wassertürme sind kaum mehr in Gebrauch, dafür aber die Hochbehälter. Diese werden höher gebaut als die Häuser, in die das Wasser fließen soll. Die Menschen erhalten ihr Trinkwasser aus diesen Trinkwasserbehältern. Das Wasser fließt durch ein Netz von Leitungen in ihre Häuser und kann dort von ihnen getrunken oder zum anderweitigen Gebrauch verwendet werden.

Wilma Waschbär: Nun weiß ich genau Bescheid. Vielen Dank für das Interview.

Herr Schmidt: Gern geschehen!

2. Beschrifte die Abbildung mit folgenden Wörtern:

Trinkwasserbehälter • Belüftung • Brunnen • Absetzbecken • Filter

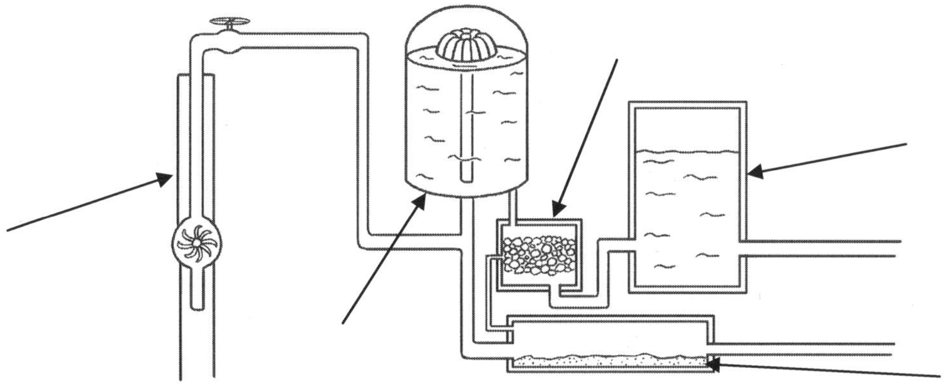

3. Finde heraus, wo sich das Wasserwerk, von dem ihr euer Trinkwasser erhaltet, befindet. Berichte der Klasse von deinen Erkenntnissen.

Die Kläranlage

1. Lies den Infotext.

Du hast dich sicher schon häufig gefragt, was mit dem Wasser passiert, mit dem du dir die Hände gewaschen, die Zähne geputzt oder die Toilette gespült hast. Irgendwo muss das schmutzige Wasser doch hin, oder? Das Wasser, das zum Beispiel nach deinem Zähneputzen aus dem Waschbecken abläuft, wird Abwasser genannt. Dieses Abwasser fließt nicht einfach so in den Boden, sondern es muss gereinigt werden. Immer wenn du zu Hause Wasser benutzt, fließt das Wasser in einen Abfluss und anschließend in lange Rohre. Diese Rohre leiten das Wasser in die Kanalisation. Die Kanalisation ist ein unterirdisches Netz aus Rohren, mit denen das Abwasser zur Kläranlage gebracht wird.

Wie funktioniert nun so eine Kläranlage? Das Abwasser muss mehrere Reinigungsstufen in der Kläranlage durchlaufen. Zuerst wird es aus der Kanalisation nach oben gepumpt. In der Kläranlage gibt es dann meistens drei Bereiche, die in Stufen eingeteilt werden, die das Abwasser durchlaufen muss. Die drei Bereiche heißen mechanische Reinigung, biologische Reinigung und chemische Reinigung. Wenn das Wasser dann von allen Schmutzpartikeln befreit wurde, wird es wieder in Bäche, Flüsse und Seen zurückgeleitet.

Mechanische Reinigung

1. **Stufe – Rechen:** Hier wird der grobe Schmutz aus dem Wasser gefischt. Ein großer Rechen fährt durch das Wasser und sammelt Blätter, Tüten, kleine Äste, Feuchttücher usw. ein.
2. **Stufe – Sandfang:** Weil das Wasser in diesem Becken nicht mehr so stark fließt, sinken nun Sand und Schlamm auf den Boden. Dieser Sand wird dann entfernt, bzw. abgesaugt. Das Becken wird auch Absetzbecken genannt. An der Wasseroberfläche lassen sich nun Öle und Fette finden, die entfernt werden.
3. **Stufe – Vorklärbecken:** Auch hier setzt sich wieder Schlamm unten im Becken ab. Dieser Schlamm wird entweder in einem Faulturm gelagert oder zur Deponie gefahren.

Biologische Reinigung

4. **Stufe – Belebungsbecken:** Hier werden Bakterien und Kleinstlebewesen eingesetzt, die die ganz kleinen Schmutzteilchen aus dem Wasser fressen und in Schlammflocken verwandeln. Damit die Bakterien arbeiten können, brauchen sie Sauerstoff. Deshalb wird hier Luft in das Wasser gebracht. Die Schlammflocken schwimmen dann an der Oberfläche des Beckens.
5. **Stufe – Nachklärbecken:** In diesem Becken fallen die Flocken aus Schlamm auf den Boden und können abgesaugt werden. Auch dieser Schlamm wird entweder in einem Faulturm gelagert, worin aus dem Schlamm Energie gewonnen wird, oder die Reste des entwässerten Schlamms werden mit einem Lkw zur Mülldeponie gefahren, wo sie in der Regel verbrannt werden.

Chemische Reinigung

6. Stufe: Wenn das Wasser sehr stark verschmutzt ist, wird es hier noch mit chemischen Mitteln weiterbehandelt.

Nun ist das Wasser frei von Schmutz und Dreck. Es kann aber nicht gleich wieder als Trinkwasser verwendet werden, daher wird es in einen Fluss oder See geleitet. Dort beginnt der natürliche Wasserkreislauf von vorn.

2. Beschrifte die Zeichnung mit folgenden Wörtern:

Nachklärbecken • Vorklärbecken • Rechen
Sandfang • Belebungsbecken • Abfließen in die Natur
Chemische Reinigung • Faulturm

① ______________________ ④ ______________________

② ______________________ ⑤ ______________________

③ ______________________ ⑥ ______________________

⑦ ______________________

⑧ ______________________

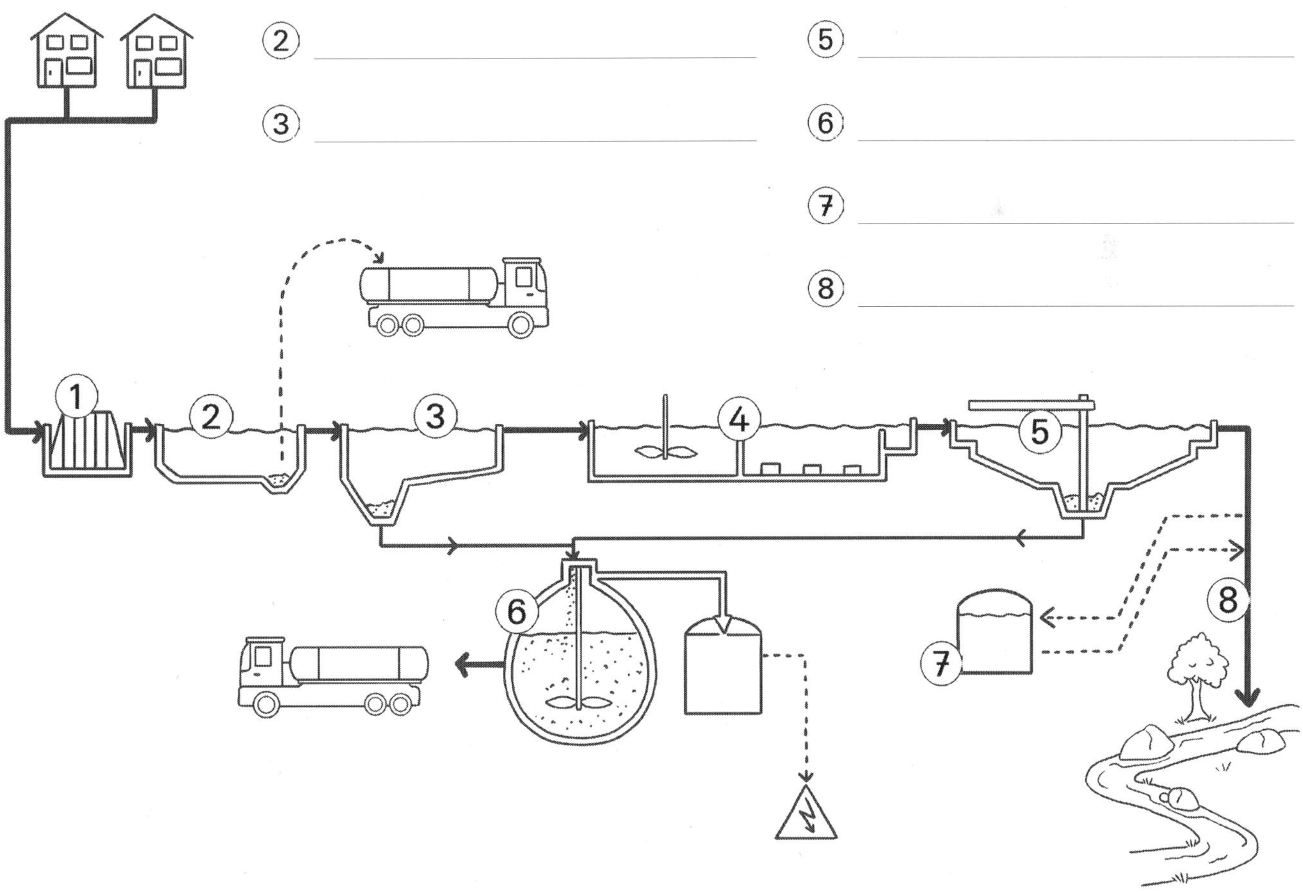

3. Vergleiche die Kläranlage in deiner Nähe mit den obigen Reinigungsstufen. Bestimmt findest du Informationen dazu im Internet. Gibt es Unterschiede oder Gemeinsamkeiten? Berichte der Klasse von deinen Erkenntnissen.

Der Kreislauf des Wassers IV

Wenn du Wasser verbrauchst, fließt das Abwasser durch Leitungen in die Kanalisation. Das Abwasser wird zur Kläranlage gepumpt und dort gereinigt. Nach der Reinigung wird es wieder dem natürlichen Wasserkreislauf zugeführt. Um dieses Wasser trinken zu können, wird es im Wasserwerk aufbereitet und von dort durch Leitungen in die Haushalte geschickt. So beginnt der Kreislauf wieder von Neuem.

Schneide die Bilder aus und klebe sie an die richtige Stelle im Kreislauf.

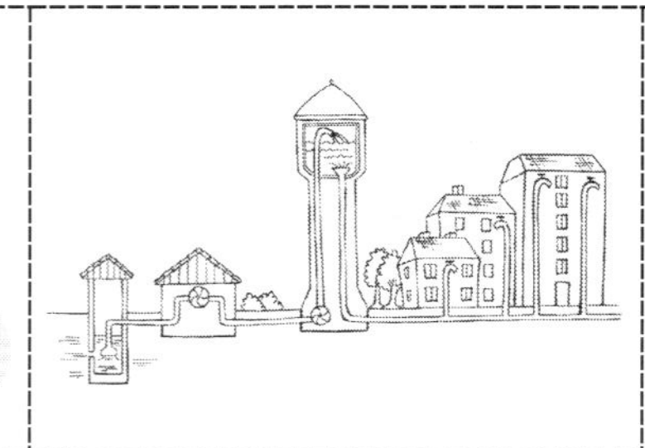

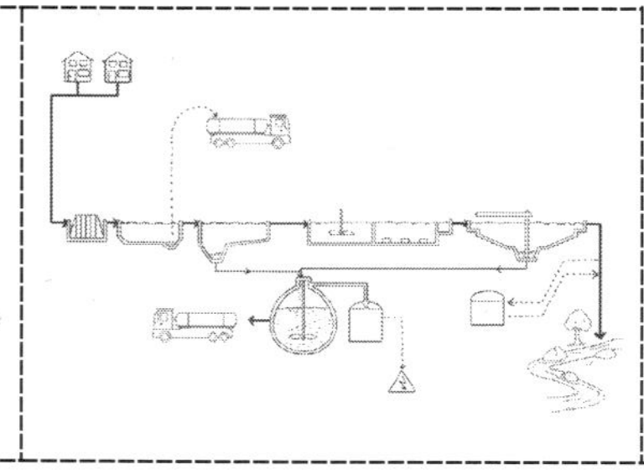

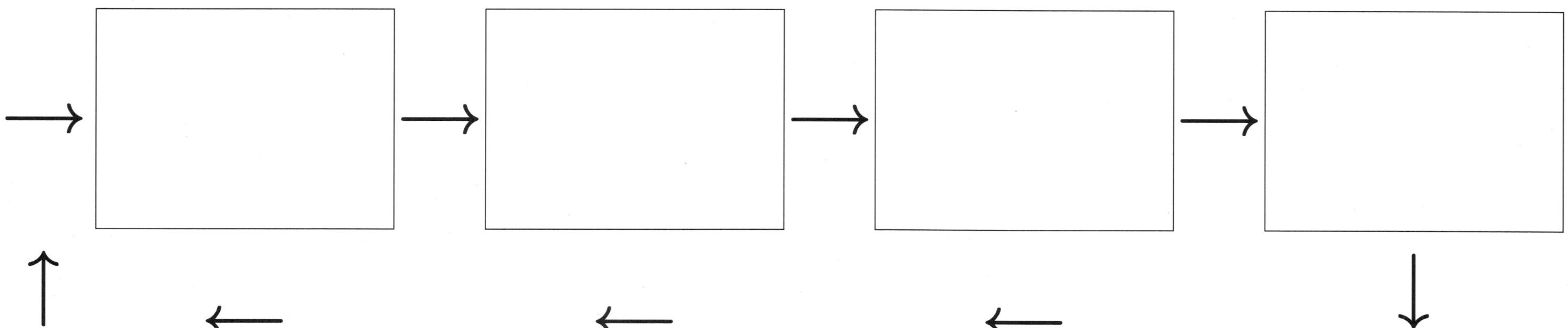

Gefahren von Wasser

1. Schaue dir die Bilder genau an.

2. Schreibe zu den Bildern, wieso das Wasser hier gefährlich sein kann.

Wasser ist nicht nur lebensnotwendig, es kann auch sehr gefährlich werden.

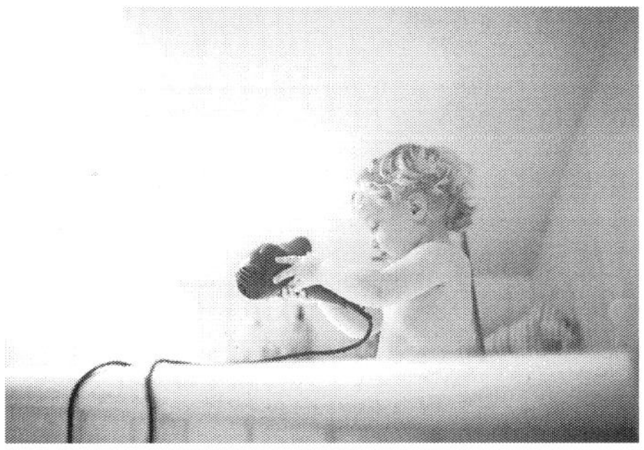

Wasserverbrauch – Wasser sparen

1. Lies dir den kurzen Infotext durch.

In Deutschland verbrauchen wir pro Person täglich ca. 123 Liter Wasser. Zum Glück wird heutzutage mehr Wasser gespart als vor ein paar Jahren.

Wir verwenden Wasser für die unterschiedlichsten Tätigkeiten, wie etwa beim Zähneputzen oder beim Duschen.

Du siehst hier, wie viel Wasser bei den einzelnen Tätigkeiten verbraucht wird.

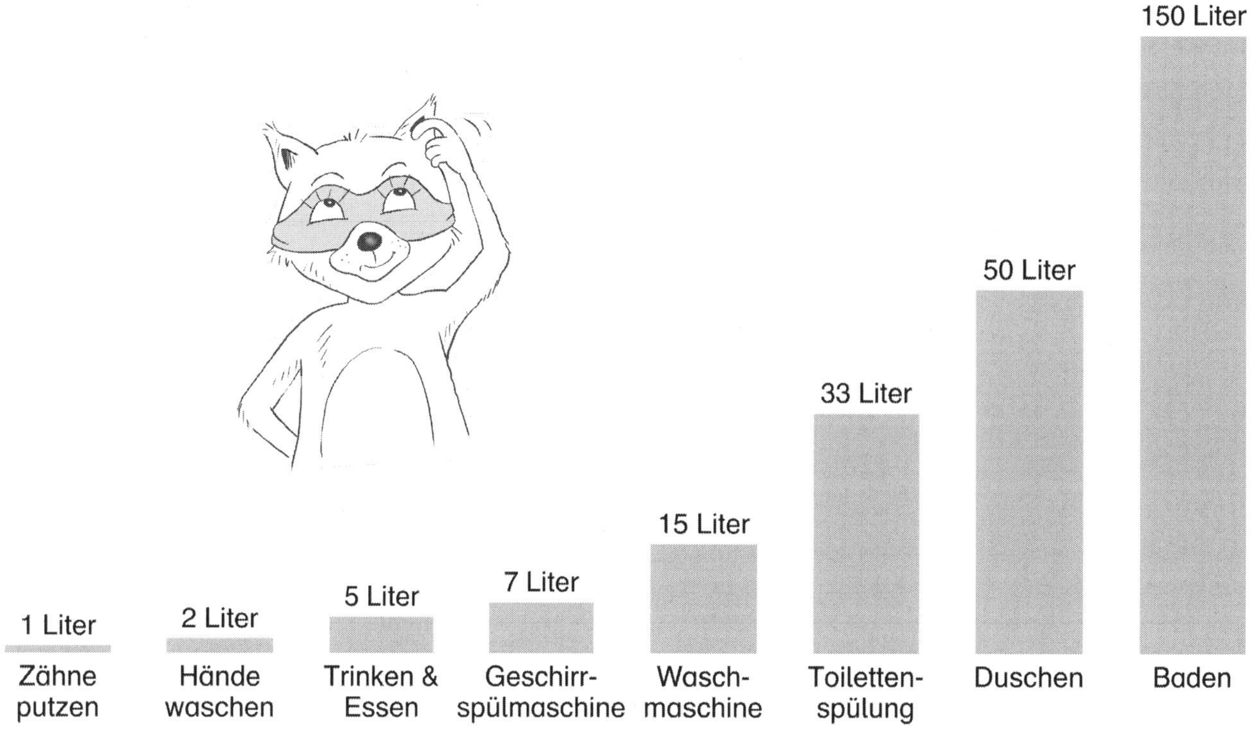

2. Überlege dir ein paar Tipps, wie wir Wasser sparen können. Schaue dir dafür die Bilder genau an. Schreibe deine Tipps in die Sprechblasen.

3. Rechne mithilfe der Angaben oben aus, wie viel Wasser du etwa täglich verbrauchst. Vergleiche dein Ergebnis mit deinen Mitschülern.

Indirekter Wasserverbrauch – Virtuelles Wasser

1. Lies den Infotext.

Zu den 123 Litern Wasser, die jeder von uns täglich etwa verbraucht, kommt noch der Wasserverbrauch von 4000 Litern täglich hinzu, den wir nicht sehen. Es wird zum Beispiel Wasser verbraucht, wenn ein Kleidungsstück hergestellt wird. Zur Herstellung von Nahrungsmitteln wird sehr viel Wasser benötigt. Für die Herstellung von einem Kilogramm Kakao werden 27000 Liter Wasser benötigt. Für die Herstellung von einem Kilogramm Tomaten werden nur 110 Liter benötigt. Ein Auto herzustellen, verbraucht 400000 Liter Wasser. Auch für die Herstellung von Fleisch wird viel Wasser benötigt. Wir können das am Produkt gar nicht sehen. Darum wird das Wasser, was zur Herstellung von verschiedenen Produkten verwendet wird, virtuelles Wasser genannt.

1 Schokolade	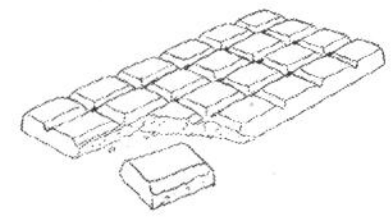	1700 Liter
	1 Kilogramm Tomaten	110 Liter
1 Cheeseburger		2450 Liter
	Jeanshose	10000 Liter
Auto	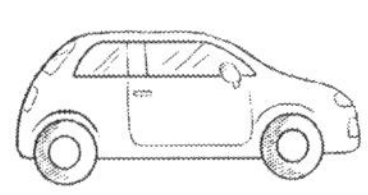	400000 Liter

2. Schaue dir die Bilder an. Überlege, wie wir verhindern können, dass zu viel virtuelles Wasser verbraucht wird. Schreibe deine Ideen in die Sprechblasen.

Toilettenbenutzung – Was ist richtig? Was ist falsch?

1. Lies den Infotext.

Wenn du etwas in die Toilette wirfst, was da nicht hineingehört, dann schadest du damit unserer Umwelt. Dinge, die nicht in die Toilette gehören, können die Abfallrohre verstopfen. Außerdem ist es sehr schwierig, öliges und fettiges oder durch Chemikalien verunreinigtes Wasser zu säubern. Die Chemikalien im Abwasser zerstören die Mikroorganismen in der Kläranlage, die so nützlich sind bei der Reinigung des Abwassers. Einige Medikamente kann die Kläranlage gar nicht entfernen. Diese bleiben dann im Wasser.

2. Überlege genau, was in die Toilette darf und was nicht. Kreise ein, was du in die Toilette werfen darfst und streiche durch, was nicht in die Toilette gehört.

3. Was kannst du aus diesem Ergebnis lernen?

4. Erforsche im Internet, was in größeren Städten in der Kanalisation noch zum Problem wird, wenn man zu viele Essensreste in die Toilette wirft.

1. Lies den Infotext.

Leider können die Kläranlagen nicht den ganzen Schmutz, der durch uns Menschen ins Wasser gerät, herausfiltern. Auch der Boden, unser natürlicher Filter, kann das Wasser nicht gründlich genug reinigen. Es bleiben häufig kleine Teilchen aus Plastik im Wasser. Diese Teilchen stammen von unserem Plastikmüll und gelangen so in die Flüsse und dann ins Meer. Du kannst dir bestimmt vorstellen, wie gefährlich dieser Müll für Mensch und Tier ist. Der Plastikmüll im Meer wird auch Mikroplastik genannt, weil die einzelnen Teilchen sehr klein sind. Das Plastik wird von den Fischen über das Wasser und die Nahrung aufgenommen. Es bleibt in ihrem Körper und wenn die Tiere von den Menschen gefangen und gegessen werden, dann landet das Plastik auch in unserem Magen.

In einigen Meeren gibt es sogar riesige Inseln aus Müll. Man nennt sie Müllteppiche oder Müllstrudel. Diese Teppiche werden immer größer. Der größte Müllteppich ist jetzt schon so groß wie Deutschland, Polen, Tschechien, die Slowakei, Ungarn, Österreich, die Schweiz, Kroatien und Slowien zusammen. Allerdings ist der größte Teil des Mülls von oben gar nicht zu sehen, weil er unter Wasser ist.

Doch nicht nur der Plastikmüll verunreinigt die Meere. Auch verunglückte Tanker, aus denen Öl austritt, verschmutzen die Meere. Höchste Zeit also, unser Wasser zu schützen, denn somit schützen wir unsere Meere.

2. Finde den Müll und kreise ihn ein.

Wasser – Wer bin ich?

1. **Schneidet die Karten aus. Legt sie verdeckt auf den Tisch.**
2. **Jeder Spieler zieht eine Karte und gibt sie seinem Nachbarn. Schau dabei nicht nach, was auf der Karte steht!**
3. **Jeder klebt seinem Nachbarn vorsichtig dessen Karte mit einem Klebestreifen auf die Stirn.**
4. **Jetzt beginnt das Spiel: Jeder muss versuchen, durch Fragen herauszufinden, welcher Begriff zum Thema Wasser auf seinem Zettel steht.**
5. **Dabei darf er nur Fragen stellen, die die anderen mit „Ja“ oder „Nein“ beantwortet werden können.**
6. **Bei einer „Ja-Antwort“ dürfen weitere Fragen gestellt werden.**

Kläranlage	**Wasserwerk**	**Der natürliche Wasserkreislauf**
Salzwasser	**Süßwasser**	**Abwasser**
Virtuelles Wasser	**Grundwasser**	**Mikroplastik**
Müllteppich	**Hochbehälter**	**Meer**

Domino zum Thema Wasser

1. Schneide die Dominokarten aus und mische sie.

2. Spiele das Domino mit einem Partner.

START	Kläranlage	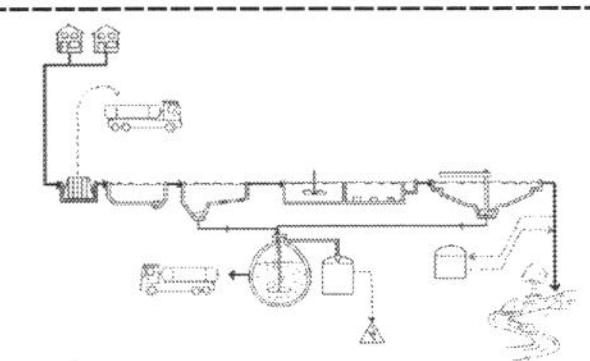	Wasserwerk
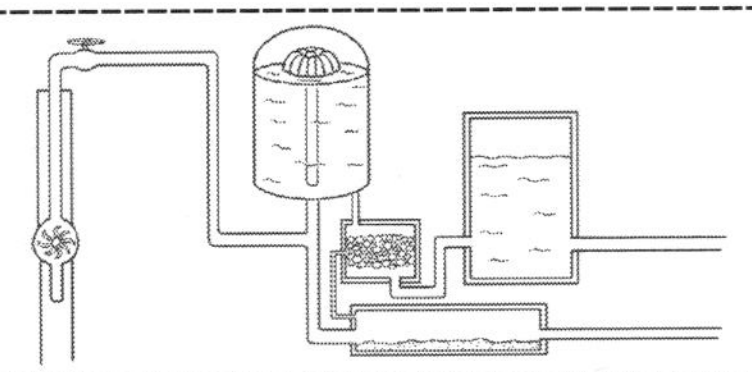	Der natürliche Wasserkreislauf		Grundwasser
	Müllteppich		Kondensation
	Hochbehälter	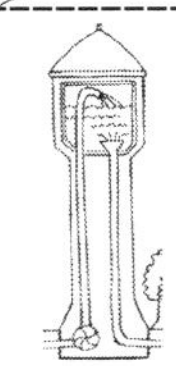	Meer
	Der Blaue Planet		Verdunstung
	Eis	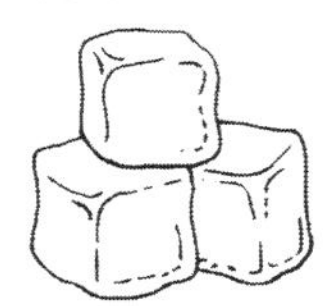	ENDE

Elfchen schreiben zu Wasser

1. **Schreibe zum Thema Wasser ein Elfchen. Elfchen sind kleine Gedichte, die nur aus elf Wörtern bestehen.**
   - **Schau dir dafür die Bauform und das Beispiel-Elfchen an.**
   - **Versuche nun, dein eigenes Wasser-Elfchen zu entwerfen.**
2. **Lies dein Elfchen mindestens zwei Kindern vor und überarbeite es, wenn es nötig ist.**
3. **Schreibe dein Elfchen in den Wassertropfen und verziere es anschließend.**

Bauform von Elfchen:

1. Zeile, ein Wort: eine Farbe oder Eigenschaft, zum Beispiel: **nass**
2. Zeile, zwei Wörter: ein Namenwort mit dieser Farbe oder Eigenschaft, zum Beispiel: **das Wasser**
3. Zeile, drei Wörter: mehr über dieses Namenwort, was es tut oder was es ist, zum Beispiel: **es ist wohltuend**
4. Zeile, vier Wörter: etwas über sich selbst, beginnen mit „Ich“, zum Beispiel: **Ich fühle mich erfrischt**
5. Zeile, ein Wort: Abschlusswort, zum Beispiel: **Trinkwasser**

Ein Gedicht über Wasser

1. **Lies das Gedicht von Horst Riemann.**
2. **Gib dem Gedicht eine Überschrift.**
3. **Fülle die Lücken. Denke dabei an die Reimwörter.**
4. **Male Bilder zu den Strophen.**

____

Vom Quell stürzt du als Bach zu Tal,
willst das Flussbett schnell erlangen,
bist frisch und klar, hast keine Wahl,
musst irgendwie zum Meer ____________________

Hast es sehr eilig, folgst deinem Ziel,
fließt durch Wälder und durch Auen,
verbringst auch Zeit mit Wellen ____________________,
an dem sich Menschen gern erbauen.

Natur verschlingt dein köstlich ____________________,
durch dich erwacht das neue Leben,
drum fließe ständig, ohne Unterlass,
dann wird's die Welt auf ewig geben.

© Horst Rehmann (*1943), deutscher Maler, Schriftsteller und Kinderbuchautor

5. **Lerne das Gedicht auswendig und trage es deinen Mitschülerinnen und Mitschülern vor.**

Wasser – Rhythmical

1. **Teilt euch in Gruppen auf. Übt pro Gruppe einen Rhythmus ein. Benutzt zuerst eure Körperinstrumente. Ihr könnt zum Beispiel klatschen, auf die Oberschenkel patschen oder eure Füße auf den Boden stampfen.**
2. **Übertragt den Rhythmus dann auf Schlaginstrumente. Ihr könnt Handtrommeln, Klanghölzer, Trommeln, Eierrasseln oder andere Instrumente wählen.**
3. **Versucht, diese Rhythmen erst nacheinander und dann zusammen zu spielen.**
4. **Spielt euer Rhythmical einer anderen Klasse vor oder präsentiert es in der Pause.**

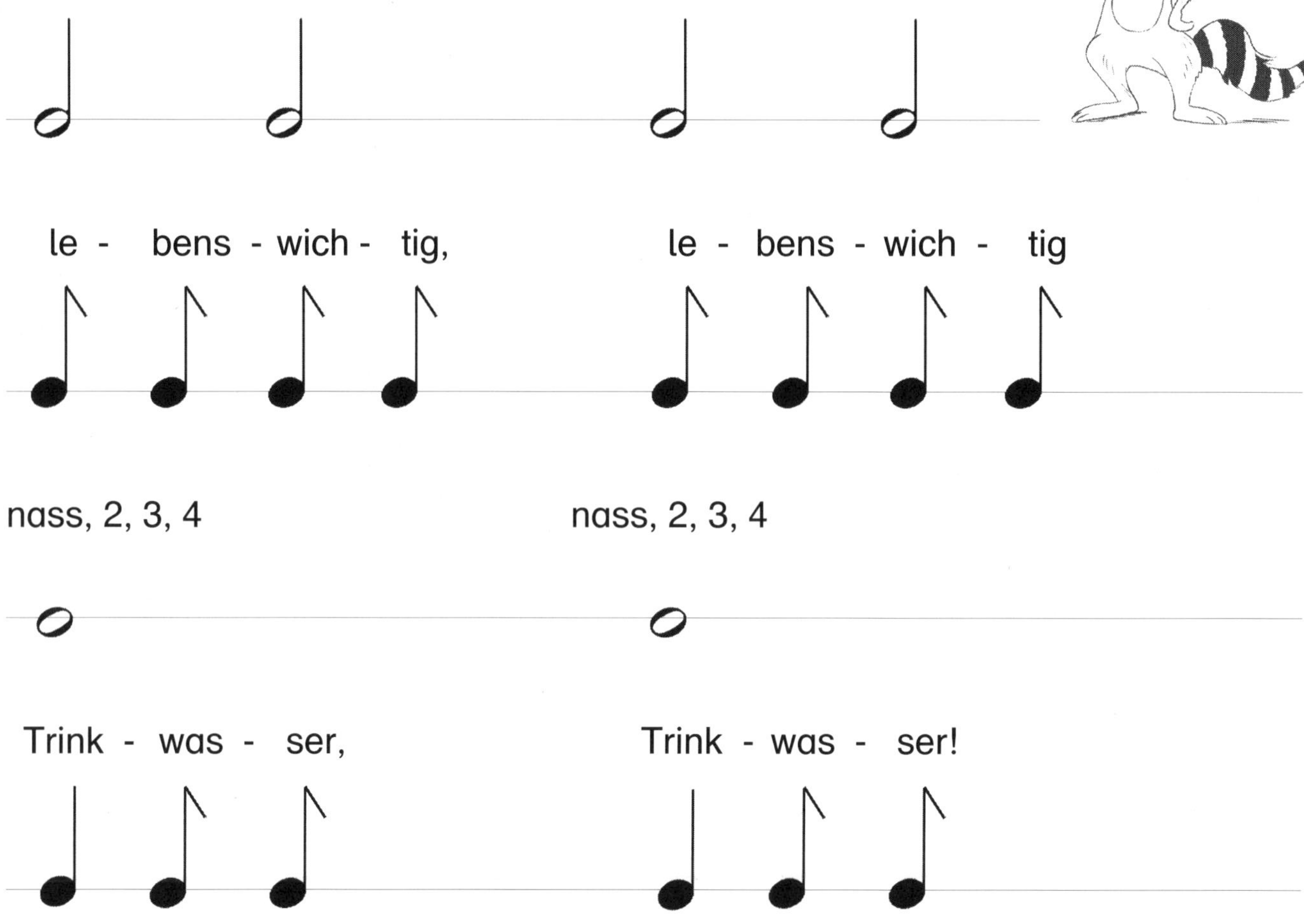

5. **Erfindet selbst Rhythmuswörter zum Thema Wasser und übt euer Rhythmical ein.**

Wasser-Rechnereien

1. Deine Klasse möchte ein Wasserwerk besichtigen. Der Eintritt in das Wasserwerk ist kostenlos. Lediglich für die Busfahrt muss jeder Schüler 2,50 € bezahlen. Wie viel Geld kostet der Ausflug insgesamt?

Rechnung:

Antwort: ______________________________

**2. Max geht in jeder Woche mindestens dreimal in die Badewanne. Für ein Vollbad muss er 150 Liter in die Wanne füllen.
Wie viel Wasser verbraucht Max in einem Monat?**

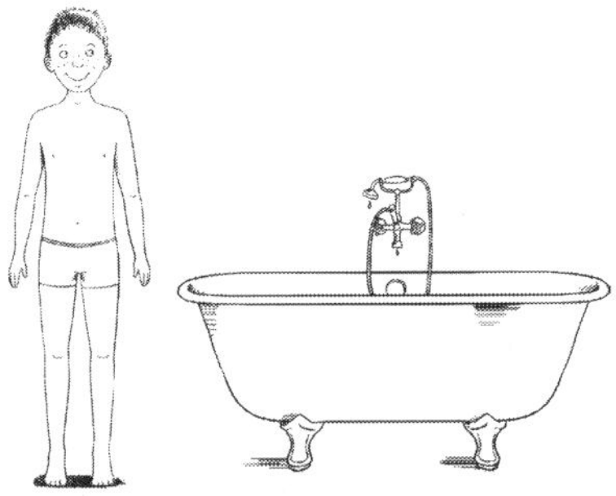

Rechnung:

Antwort: ______________________________

Kannst du Max einen Tipp zum Wassersparen geben?

____

3. Pro Person werden 5 Liter Wasser pro Tag zum Kochen und Trinken benötigt. Überlege, wie der Wasserverbrauch für das Kochen und Trinken einer fünfköpfigen Familie aussieht. Berechne den Wasserverbrauch pro Tag, pro Woche und pro Monat.

Rechnung:

Antwort: ______________________________

4. Führe die Zeichnungen fort.

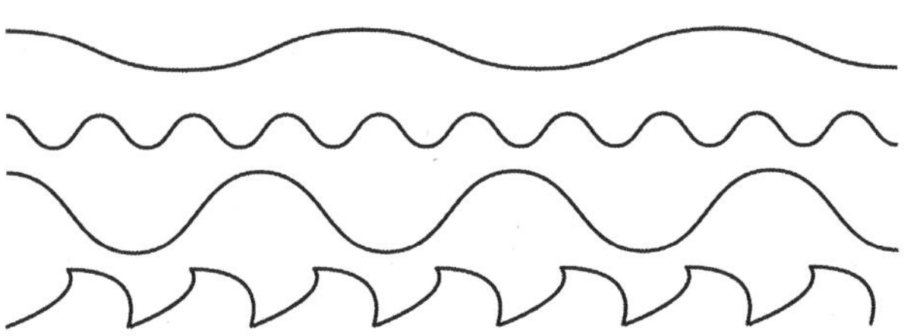

5. Erfinde selbst eine kleine Rechengeschichte.

Rechne und male

1. Rechne die Aufgaben. Male die Felder in der richtigen Farbe an.

gelb = Lösungszahlen 8 und 18
rot = Lösungszahlen 6 und 12
lila = Lösungszahlen 7 und 10
grün = Lösungszahlen 2 und 21

Male alle anderen Felder hellblau an.

Rechne und male

2. Für diese Aufgabe benötigst du einen Würfel. Würfele bei jedem Wassertropfen einmal und schreibe die gewürfelte Zahl in den Tropfen. Rechne aus.

5 + ( ) = ______

13 – ( ) = ______

21 – ( ) = ______

55 + ( ) = ______

14 + ( ) = ______

7 + ( ) = ______

16 – ( ) = ______

Wasser-Rätsel

1. Lies dir die Fragen durch und beantworte sie.

2. Wenn du alles richtig erraten hast, erhältst du ein Lösungswort.

1. Was benötigen Pflanzen, Tiere und Menschen?
2. Wo wird unser verschmutztes Wasser gereinigt?
3. Wie wird die Zustandsform von gefrorenem Wasser genannt?
4. Wie wird der Kreislauf genannt, in dem sich das Wasser ständig befindet?
5. Welches Wasser findest du zum Beispiel in der Nordsee?
6. Wie wird das Wasser genannt, das sich auf der wasserundurchlässigen Schicht im Boden befindet?
7. Wie wird das Wasser genannt, das zur Herstellung von Lebensmitteln oder Gegenständen verwendet wird und das wir nicht sehen können?
8. Wo wird das Grundwasser zu Trinkwasser aufbereitet?
9. Was entsteht, wenn Wasser kocht?
10. Wie werden große Ansammlungen von Müll im Meer genannt?

1.						11										
2.						10										
3.			8													
4.													7			
5.	9															
6.				4												
7.			2													
8.										5						
9.	6															
10.					1				3							

Lösungswort:

1	2	3	4	5	6	7	8	9	10	11

Wasser-Quiz

1. **Schneide die Spielkarten aus.**
2. **Spiele das Quiz mit einem Partner.**

Nenne die Aggregatzustände von Wasser.	Fest, flüssig, gasförmig.
Was bedeutet das Wort Kondensation?	Wasserdampf wird wieder flüssig, wenn der Dampf abkühlt.
Was bedeutet das Wort Verdunstung?	Wenn Wasser kocht, steigt Wasserdampf auf. Das ist die Verdunstung.
Wo wird unser Grundwasser zu Trinkwasser aufbereitet?	Im Wasserwerk.
Wo wird unser Abwasser gereinigt?	In der Kläranlage.
Warum wird die Erde auch „Blauer Planet“ genannt?	Der größte Teil der Erdoberfläche ist mit Wasser bedeckt.
Gibt es mehr Salz- oder mehr Süßwasser auf der Erde?	Nur ca. 3 % des Wasservorkommens auf der Erde besteht aus Süßwasser.
Was ist wichtiger für uns Menschen: Wasser oder Nahrung?	Der Mensch kann lange ohne Nahrung auskommen, ohne Wasser jedoch höchstens 3 Tage.
Wofür benötigen wir täglich Wasser? Zähle drei Beispiele auf.	Essen und trinken, Wäsche waschen, duschen, Geschirrspülen, Toilette.
Wie kannst du Wasser sparen? Nenne vier Tipps.	Die Spartaste der Toilette benutzen, duschen statt baden, Zahnputzbecher benutzen, Geschirrspülmaschine.
Was ist virtuelles Wasser?	Virtuelles Wasser ist das Wasser, was benötigt wird, um Nahrungsmittel oder Gegenstände herzustellen. Dieses Wasser ist für uns nicht sichtbar.
Wie kannst du virtuelles Wasser sparen? Nenne drei Wasserspartipps.	weniger Fleisch essen, regionales und saisonales Gemüse und Obst kaufen, weniger Kleidung kaufen, Sachen lange benutzen
Nenne die drei Hauptreinigungsstufen einer Kläranlage.	Mechanische Reinigung, biologische Reinigung und chemische Reinigung.
Wo befindet sich die Kanalisation?	Die Kanalisation befindet sich unterirdisch und ist ein Netz aus vielen Rohren, die das Abwasser zur Kläranlage fließen lassen.
Was bedeutet das Wort Abwasser?	Unter Abwasser versteht man das von uns verschmutzte Wasser, zum Beispiel vom Zähneputzen.

Lernzielkontrolle

Name: ______________________ Datum: ______________

1. Fülle die Lücken.

Etwa 71 % der Oberfläche der ______________ besteht aus Wasser. Doch dieses Wasser ist zu einem großen Teil ______________, nämlich 97 %. In den Ozeanen sind in einem Liter Wasser 35 Gramm Salz. Auf der Erde gibt es nur 3 % ______________ und dazu zählt auch das Eis am Nord- und Südpol. Süßwasser finden wir im ______________, auf Gletschern, in Seen und Flüssen.

2. Schreibe die Aggregatzustände von Wasser auf.

____

3. Beschreibe mindestens vier Gefahren, die von Wasser ausgehen können.

____

____

4. Beschrifte diese Abbildung der einzelnen Stufen eines Wasserwerks.

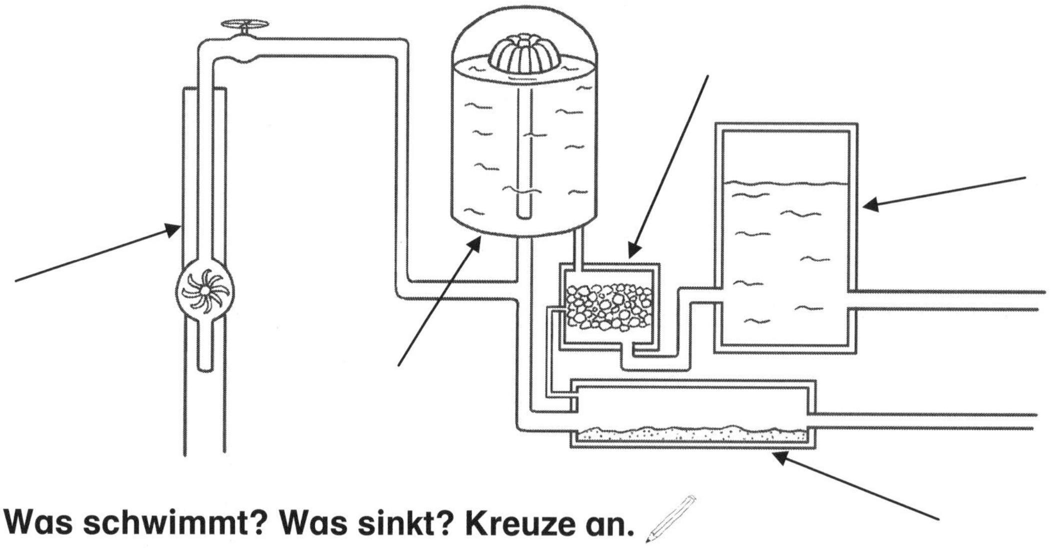

5. Was schwimmt? Was sinkt? Kreuze an.

Gegenstand	schwimmt	sinkt
Holz		
Stein		
Blatt		
Styropor		
Büroklammer		

6. Beschrifte die Pfeile im Wasserkreislauf mit den richtigen Ziffern.

1. Das von der Sonne erwärmte Wasser verdunstet und steigt auf.
2. Weil es weiter oben kälter wird, kühlt der Wasserdampf ab.
3. Aus den Wassertröpfchen bilden sich Wolken.
4. Wenn die Wassertropfen zu schwer sind, fallen sie als Regen, Hagel oder Schnee auf die Erde.

7. Fülle den Lückentext aus.

Das von uns verschmutzte Wasser wird in einer ______________ gereinigt. Durch Abflussrohre fließt unser ______________ zur Kläranlage. In einer Kläranlage gibt es mehrere ______________, durch die das Wasser geleitet und gereinigt wird. Das geschieht mithilfe eines ______________ oder durch die Zufuhr von Sauerstoff. Nachdem das Wasser mehrere Reinigungsprozesse durchlaufen hat, wird es wieder dem ______________ zugeführt.

8. Was ist virtuelles Wasser? Schreibe auf.

____

____

9. Wie können wir Wasser sparen? Nenne mindestens drei Sparmaßnahmen.

____

____

10. Warum muss unbedingt verhindert werden, dass Plastikmüll ins Meer gelangt? Schreibe auf.

____

____

11. Was könnte der Wasserfußabdruck sein? Erkläre.

____

____

<table>
<tr><td>Wasservorkommen auf der Erde</td><td>Etwa 71 % der Oberfläche der Erde besteht aus Wasser. Doch dieses Wasser ist zu einem großen Teil Salzwasser, nämlich 97 %. Auf der Erde gibt es nur 3 % Süßwasser und dazu zählt auch das Eis am Nord- und Südpol. Süßwasser finden wir im Grundwasser, auf Gletschern, in Seen und Flüssen.</td></tr>
<tr><td>Wasserwerk</td><td>Im Wasserwerk wird unser Grundwasser zu Trinkwasser aufbereitet.

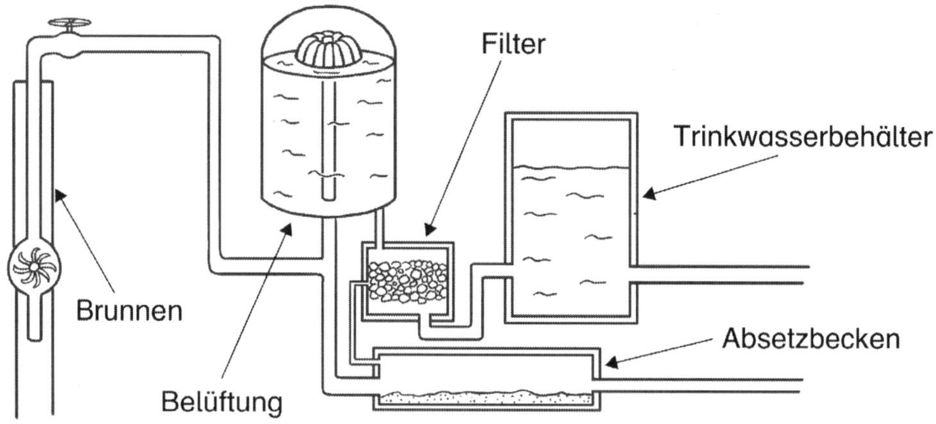

</td></tr>
<tr><td>Abwasser</td><td>Abwasser wird das Wasser genannt, das wir verschmutzen, zum Beispiel durch Zähneputzen, Waschen usw.</td></tr>
<tr><td>natürlicher Wasserkreislauf</td><td>Unser Wasser befindet sich in einem ständigen Kreislauf. Für unsere Erde ist es sehr wichtig, dass es den Wasserkreislauf gibt. Ohne ihn könnten Menschen, Tiere und Pflanzen nicht leben.

</td></tr>
<tr><td>Aggregatzustände</td><td>Wasser kann fest, flüssig oder gasförmig sein.</td></tr>
<tr><td>Kanalisation</td><td>Die Kanalisation befindet sich unterirdisch. Das Abwasser fließt durch die vielen Rohre zur Kläranlage.</td></tr>
<tr><td>Salzwasser</td><td>Der größte Teil des Wasservorkommens auf unserer Erde besteht aus Salzwasser.</td></tr>
<tr><td>Trinkwasser</td><td>Nur 3 % des Wasservorkommens besteht aus Süßwasser, also unserem Trinkwasser.</td></tr>
</table>

Mein Wasser-Lexikon

virtuelles Wasser	Zu unserem täglichen Wasserverbrauch kommt noch der Wasserverbrauch hinzu, den wir nicht sehen. Wir haben einen Wasserverbrauch von ca. 4000 Litern pro Tag, den wir nicht sehen. Es wird zum Beispiel Wasser verbraucht, wenn ein Kleidungsstück hergestellt wird. Ein Auto herzustellen verbraucht 400 000 Liter Wasser. Auch für die Herstellung von Fleisch wird viel Wasser benötigt. Wir können das am Produkt gar nicht sehen. Darum wird das Wasser, das zur Herstellung von verschiedenen Produkten verwendet wird, auch virtuelles Wasser genannt.
Grundwasser	Mit Grundwasser bezeichnet man Wasser, das sich unter der Erdoberfläche befindet. Meistens ist das Regenwasser, das versickert ist, oder Wasser aus Seen und Flüssen. 
Kläranlage	Das von uns verschmutzte Wasser wird in einer Kläranlage gereinigt. Durch Abflussrohre fließt unser Abwasser zur Kläranlage. In einer Kläranlage gibt es mehrere Becken, durch die das Wasser geleitet und gereinigt wird. Das kann mithilfe eines Rechens geschehen oder sogar mit der Zuführung von Sauerstoff. Nachdem das Wasser mehrere Reinigungsstufen durchlaufen hat, wird es wieder dem Wasserkreislauf zugeführt.
Schwimmen und sinken	Wasser besteht aus vielen kleinen Teilchen, man nennt sie Wassermoleküle. Manche Gegenstände schwimmen, andere sinken. Ein kleines Stück Holz zum Beispiel schwimmt, weil das Holz für seine Größe leicht ist. Ein Stein sinkt, weil er für seine Größe schwer ist. Ob ein Gegenstand sinkt, hängt davon ab, wie schwer er im Vergleich zu seiner Größe ist.

Bildnachweis

S. 21:

Überschwemmung einer Straße © Bundesanstalt Technisches Hilfswerk, Presse- und Öffentlichkeitsarbeit, Provinzialstraße 93, 53127 Bonn – Bundesanstalt Technisches Hilfswerk, Public Domain, https://commons.wikimedia.org/w/index.php?curid=1403469

Kind auf Luftmatratze © SilkeSchmid auf Pixabay

Trinkwasser in Afrika © Pierre Holtz – UNICEF, hdptcar from Bangui, Central African Republic – Unsafe drinking water 01, CC BY-SA 2.0, https://commons.wikimedia.org/w/index.php?curid=5393210

Überschwemmtes Feld © Gerd Altmann – Pixabay

Kind mit Fön © Halfpoint – shutterstock.com

Seite 25:

Walhai mit Plastikmüll © Rich Carey – shutterstock.com